Henri STEIN

LE
CONTRAT DE MARIAGE

DE

MARIE TOUCHET

ORLÉANS

H. HERLUISON, ÉDITEUR

17, Rue Jeanne d'Arc, 17

M.DCCC.XCIII

A Monsieur LUCIEN AUVRAY,

Sous-bibliothécaire au département des manuscrits de la
Bibliothèque Nationale, à Paris.

Mon cher ami,

Reçois, avec mes meilleurs vœux en ce jour, cet opuscule
que j'aurais désiré pouvoir te présenter plus important et mieux
proportionné à mon affection pour toi. Tel qu'il est, veuille être
assez bon pour l'accepter, comme un souvenir du passé et un
gage de l'avenir.

A toi, Orléanais, j'ai pensé qu'il convenait de te parler de
choses orléanaises, et qu'il ne te déplairait pas trop de voir le
nom de Marie Touchet associé à ton bonheur. Non que je me
permette de la considérer comme le modèle de toutes les vertus ;
mais c'est de son propre mariage que je veux te parler, et c'est
là mon excuse.

Elle vécut longtemps, retirée dans ses terres du Gâtinais,
se tenant éloignée des grandeurs qu'elle pouvait rechercher,
respectée de tous et aimée de son mari. N'est-ce pas là un rêve
facile à réaliser ?

Ton bien cordialement dévoué,

Henri STEIN.

Paris, ce 23 mai 1893.

LE

CONTRAT DE MARIAGE

DE

MARIE TOUCHET

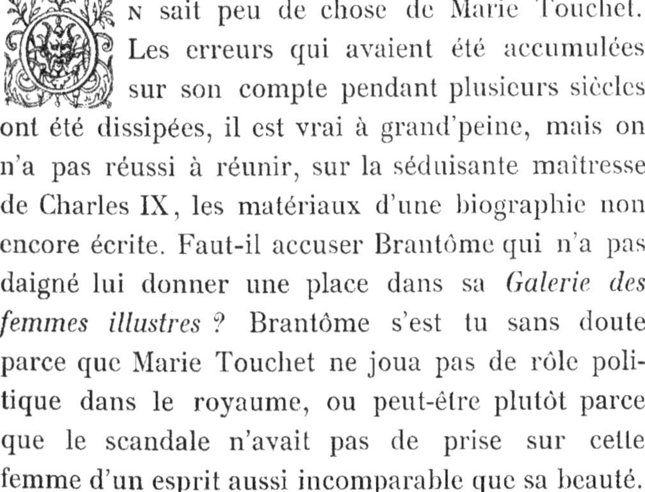

N sait peu de chose de Marie Touchet. Les erreurs qui avaient été accumulées sur son compte pendant plusieurs siècles ont été dissipées, il est vrai à grand'peine, mais on n'a pas réussi à réunir, sur la séduisante maîtresse de Charles IX, les matériaux d'une biographie non encore écrite. Faut-il accuser Brantôme qui n'a pas daigné lui donner une place dans sa *Galerie des femmes illustres ?* Brantôme s'est tu sans doute parce que Marie Touchet ne joua pas de rôle politique dans le royaume, ou peut-être plutôt parce que le scandale n'avait pas de prise sur cette femme d'un esprit aussi incomparable que sa beauté.

Son père Jean Touchet, auquel on a attribué diverses professions imaginaires (1), était lieutenant-particulier au bailliage et gouvernement d'Orléans, et seigneur de Guétart près la même ville ; sa mère Marie Mathies (2), d'origine flamande, était, dit-on, la fille d'un médecin du roi.

Née à Orléans en 1549, Marie Touchet eut de son commerce avec le roi un fils, né au Fayet en Dauphiné le 28 avril 1573, qui fut Charles de Valois, duc d'Angoulême. On la retrouve à Orléans l'année suivante (3), marraine le 3 juillet 1574. Puis Charles IX meurt ; avec lui s'évanouissent la protection et l'amour royaux.

Pendant quatre ans, elle se recueille, revient habiter Orléans, jusqu'au jour où, remarquée par le seigneur d'Antraigues, François de Balzac, veuf de Jacqueline de Rohan et Orléanais comme elle, elle accepte de s'unir pour la vie avec ce gentilhomme « en léal mariaige ». Le contrat fut passé à Langeais en Touraine, en cette magnifique résidence des bords de la Loire que Charles IX lui avait donnée, le 20 octobre 1578. Il nous a été conservé par une transcription faite sur l'un des registres d'insinuations du Châtelet de Paris, aujourd'hui conservés aux Archives nationales.

(1) Cf. C. Brainne, J. Debarbouiller et Ch. F. Lapierre, *Les hommes illustres de l'Orléanais* (Paris, 1852, in-8), II, p. 335.

(2) Contrairement aux précédents, nous trouvons son nom écrit ainsi dans un acte conservé aux *Archives nationales*, Y. 123, f. 75.

(3) R. Biémont, *Orléans* (Orléans, 1880, in-18), p. 470.

Les détails de ce contrat sont intéressants ; on les lira plus loin. On y trouve spécifiées les donations particulières faites à Marie Touchet, aux enfants du premier et du second lit ; et une partie de l'acte constate le droit à elle réservé d'habiter, sa vie durant après le décès de son mari, la terre et maison seigneuriale de Bois-Malesherbes (1) qui est encore aujourd'hui un des beaux domaines des bords de l'Essonne.

Le 1er septembre 1579, naissait à Orléans, paroisse Saint-Michel, une fille, Henriette, dont les parents étaient François de Balzac d'Antraigues et Marie Touchet (2).

Le 28 juin 1581, Jean Touchet et sa femme, qui habitaient toujours Orléans, paroisse Saint-Pierre-Lentin, promirent à leur fille, en faveur du mariage qu'elle avait contracté, la somme de 333 écus en avancement d'hoirie, provenant d'une rente à eux constituée par la ville de Paris sur les décimes du clergé et les recettes générales d'outre Seine et Yonne (3).

Veuve, Marie Touchet vécut jusqu'en 1638. Le dernier acte public (4) où elle parut, croyons-nous, est le contrat de mariage de la fille de Charles de Valois, duc d'Angoulême (son fils naturel), le 16 mai 1634. Elle y prend les titres de dame de Belleville et de Chemault.

(1) Aujourd'hui *Malesherbes*, ch.-lieu de canton (Loiret).
(2) R. Biémont, *op. cit.*, p. 472.
(3) *Archives nationales*, Y. 123, f. 75.
(4) *Archives nationales*, Y. 175, f. 51. v.

Ses propres filles, Marie d'Antraigues et la marquise de Verneuil, menèrent une vie plus agitée que leur mère, et ce n'est pas précisément de ses vertus qu'elle semblent avoir hérité. Plus ignorée et assurément plus heureuse, Marie Touchet a connu de l'amour des joies légitimes qui lui firent oublier son aventureuse jeunesse et ses intrigues royales. Par le contrat de mariage qu'elle signa à Langeais le 20 octobre 1578, et que nous publions ici, elle franchit, sans regret, cette porte d'entrée dans une vie nouvelle, où le remords ne songea jamais à la poursuivre.

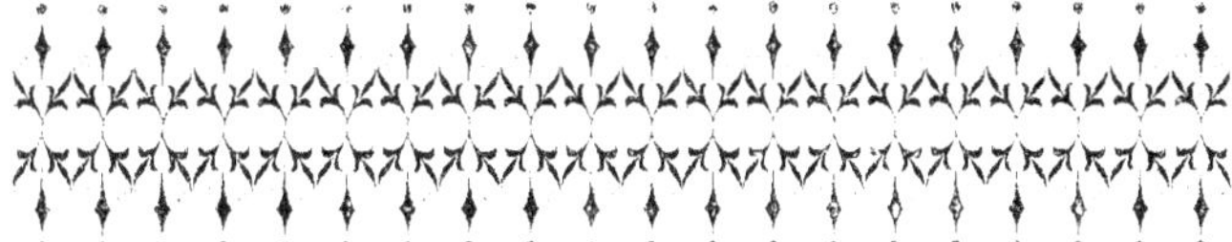

tous ceulx qui ces présentes lettres verront,
René de Voyer, chevallier de l'ordre du Roy
nostre Sire, comte de Paulmy, bailly du pais
et duché de Tourayne, salut. Sçavoir faisons
que le vingtiesme jour d'octobre l'an mil cinq cens soixante
et dix huict, en la court du Roy nostre Sire et de Monseigneur à Langés, en droict par devant nous Pierre Racault, nottaire roial establly et juré soubz les contractz
royaulx dudict lieu, furent présens en leurs personnes, per-
sonnellement establys et deuement soubzmis hault et puis-
sant seigneur messire Françoys de Balzac, chevalier de
l'ordre du Roy nostre Sire, cappitaine de cinquante hommes d'armes de ses ordonnances, conseiller d'État et de son
privé conseil de Sa Majesté, bailly d'Orléans et lieutenant
général pour sadicte Majesté en la province et gouvernement d'Orléans et pais adjacens, estans de présent en ce
dict lieu et chastel dudict Langés, d'une part, et haulte et
puissante dame dame Marie Touchet, dame de Belleville et
de ce dict lieu de Langés, estant au dict lieu, d'autre ; les-
quels de leur bon gré, franche et libéralle volonté, sans
aucune contrainte, mesmes ladicte dame de Belleville du
voulloir, gré et consentement de ses père et mère, aussi en
présence de plusieurs notables personnages leurs amys, ont

promis et promettent l'ung l'autre prendre par foy et loy de
mariage en Saincte Esglise toutesfois et quantes que l'ung par
l'autre en sera requis et que Dieu leur en fera la grâce ; en
faveur duquel mariage a esté convenu et accordé ce qui
s'ensuict : C'est assavoir que les futurs conjoinctz seront
unys et commungs ensemble en tous biens meubles et
acquestz qu'ilz feront pendant leur mariage et communaulté,
sauf et réservé que advenant dissolution par le décès et tres-
pas du futur espoux, ne prendra la future espouze que la
quarte partie des biens meubles, acquestz et conquestz
immeubles de leur communaulté, pour en joyr par la future
espouze sa vie durant seullement, et après sa mort la quarte
partye reviendra, sera et demourera appartenir aux enffans
tant du premier que second lict, et lequel seigneur chevalier,
soit qu'il y eut communauté ou non, enffans ou non crééz de
leur chair, a doué et doue sa future espouze de la somme de
mil escuz d'or soleil par chascun an durant sa vie de douaire
préfix, en tant que douaire aura lieu, qu'il a dès à présent
assigné à prendre sur la terre et seigneurye de Bois Malzerbes, aisances et appartenances, qu'elle a dès à présent
opté et opte, dont elle joira par ses mains jusques à la con-
currance de la dicte somme de mil escuz d'or soleil par
chascun an, ou bien par les receveurs ou fermiers de ladicte
terre à son choix et option, la maison seigneurialle et pour-
pris de laquelle terre de Bois Malzerbes icelluy seigneur a
laissé et laisse pour y demeurer pendant la viduité de sa
future espouze, avec les meubles et ustancilles qui seront
pour lors en icelle, si elle trouve qu'elle les doibve accepter
pour sa part, à la charge que si plus y en a, le surplus
retournera aux enffans dudict seigneur chevallier, et laquelle
maison seigneurialle et autres deppendances d'icelle, desquel-
les ladite dame joira pour sondict douaire, elle sera tenue
entretenir en bonne et suffisante réparation, visitation des
dicts lieux préalablement faicte, à la charge toutesfois que
advenant dissolution par le décès dudict futur espoux et que
la dicte dame future espouze se remarie à autre personne, en
ce cas ledit douaire de mil escuz réduict à la somme de
quatre cens escuz et racheptable par les héritiers dudict

seigneur chevalier pour la somme de deux mil trois cens
trente trois escuz ung tiers payée, et aussi en cas que ladicte
future espouze demoure en viduité sans se remarier, advenant le décès comme dessus est, accorde qu'elle joira pendant sadicte viduité de toute ladicte somme de mil escuz
à elle baillée pour sondict douaire, sans qu'il puisse estre
rachepté pour quelque somme que ce soict, sinon que ce
soit du voulloir et consentement de ladicte dame ; aussi est
expressément dict et convenu que ledit seigneur chevalier
joira constant ledit mariage des rentes par la future espouze
ou son nom acquises ou bien à elle délaissées par droict suc-
cessif par ses père et mère, pour après la dissolution d'icelle
les reprandre par elle et ses successeurs entièrement, et en cas
d'advertissement ou vente de tout ou de partye durant ledit
mariage, sera le futur espoux tenu faire remploy desdits
deniers en rente ou héritage de semblable nature, et ou ne
l'auroict fait préalablement et avant partage, se prandront
les deniers sur la masse des biens commungs, s'ilz sont suffi-
sans, sinon sur la part et portion dudit futur espoux et sur
la terre et seigneurye du Boys-Malzerbes ; jouyra semblable-
ment ledit futur espoux des deniers clairs, bagues, joyaulx,
meubles, vaisselle d'argent, debtes et créditz actives et
choses que peut avoir de présent ladite dame de Belleville,
dont sera faict inventaire, description et prisée, affin qu'ilz
se puissent mieulx congnoistre ; et ce, en la présence de personnes notables, parens ou amys desdites partyes dont elles
conviendront, pour iceulx reprandre par elle ou ses successeurs après la dissolution de leur mariage, en nature ou la
prisée au choix d'elle et au pardevant partaige. Aussy est
accordé que ledit seigneur chevalier joira comme dessus des
pensions que ladite dame a du Roy et de Monseigneur son
frère, et de tout ce que par leur Majesté ou autres seigneurs et
dames ses parens et amys luy pourroient estre donnéz, advenir et escheoir par don, legs, succession et autrement
dont sera faict inventaire incontinant que lesdites choses
seront advenues, pour les reprandre après la dissolution
dudict mariage comme cy dessus est déclaré, sinon que ladicte
dame en voullust par cy après autrement disposer ; adve-

nant laquelle dissolution, est dit et accordé que ladicte dame pourra prendre et eslire la susdite communauté ou à ycelle renoncer, soict qu'il y ayt enffans ou non, et en ce faisant reprendra préalablement et avant partage tout ce qu'elle aura apporté, tant en debtes que meubles, bagues, joyaulx, et meubles cy dessus emmeubléz, si lesdites choses sont en nature; sinon la valleur d'iceulx avec son douaire tel que dessus, ensemble la somme de deux mil escuz que ledit seigneur chevalier a donné et accordé, donne et accorde à ladite dame sa future espouze en faveur du futur mariage pour ses vestemens et joyaulx qu'il luy eust peu donner et autres considérations, à icelle somme de deux mil escuz prendre sur tous et chacuns les biens meubles dudit seigneur chevalier, à la charge que les enffans provenans de leur mariage demoureront héritiers et à iceulx affectéz ledit don de deux mil escuz avec tous les biens généralement de ladite future espouze : autrement le mariage n'eust esté faict ne consenty, le tout ce que dessus, franchement et quittement avant partage, sans qu'elle soit tenue aucunement aux debtes durant leur mariage, encore qu'elle y eust consenty, signé et parlé ; lesquelles debtes en cas de renonciation à la communaulté ledit futur espoux ou ses héritiers seront tenuz acquitter et en rendre indamne ladite future espouze et ses successeurs et, si elle se porte comme en biens, paiera la moitié des debtes créés durant leur dit mariage, et la comte pour sa moictié seulement, pourvu qu'elles ne soient faict pour mariage ou advancement des enffans du premier lict dudict espoux ; et si ledit espoux en faisoit pour ce faict ou prinst deniers ou meubles de la communaulté du présent mariage ou aultre chose d'icelle communaulté, ladite future espouze reprandra sa moictié sur la part et portion dudit futur espoux ou de ses héritiers et sur tous leurs biens ; pareillement ont lesdites parties accordé que chascun à leur regard payeront les debtes passives créés auparavant ce mariage, sans que le survivant en puisse estre tenu, ne aucun d'eulx puisse avoir part de ce que leur est deu auparavant ce jour ; ains tourneront lesdites debtes au proffit des enffans tant

du premier que du second lict, fors et excepté la somme
de six mil six cens soixante et six escuz deux tiers
d'escu desdites debtes ou meubles appartenant aux
enffans du premier lit, de laquelle somme de six mil
six cens soixante et six escuz deux tiers d'escu pourra
icellui seigneur disposer à sa volonté et icelles donner à
tel de ses enffans soict du premier ou second lit, que bon luy
semblera, et où aucune poursuitte seroict faicte pour debte,
l'héritier de celuy dont proviendra la debte sera tenu
acquitter incontinent le survivant et le rembourser de
ses fraiz, dommages et intérestz, soit qu'il y ait enffans ou non
de leur mariage, et où il se trouveroit l'un d'eux durant
ledit mariage avoir acquitté ung debt tel que dessus de
deniers ou meubles ou autre chose entre eux, comme l'autre
reprendra après la dissolution sur les biens de cellui qui se
seroict acquitté à moictié entièrement, et en cas que ledit
seigneur chevalier vendist de ses propres, soient terres,
boys ou rentes, pendant et constant ledit futur mariage, en
ce cas pourra les remploier en autres héritages ou rentes
qui luy sortiront pareille nature de propre et à ses héritiers,
et le déclarant par le contract de la vente ou acquisition,
sera aussy le semblable observé pour les successions
directes ou collatéralles donnations qui pourroient escheoir
et advenir audit seigneur chevalier, esquelles ladite dame
ou les siens ne pourront prétendre aucun droit, comme en
pareil ledit seigneur futur espoux ou ses héritiers ne
pourront prétendre aucun droict ès propres ou successions
de donations qui sont jà eschues et qui pourront escheoir à
ladite dame de Belleville, de quelque personne que ce soict,
sinon qu'il plaise à ladite dame de Belleville autrement en
disposer et ordonner, et ad ce tenir et accomplir fermement
et loyaulment sans jamais aller faire ne venir encontre,
lesdites parties chascun en droict soy se sont obligées et
obligent elle, leurs hoirs et ayans cause, meubles et
immeubles, présens et advenir ; et ont renoncé et renoncent
à toutes choses ad ce contraires. Ce fut faict et jugé à tenir
par le jugement de ladite Court, lesdites partyes présens et
consentans qui ont promis et juré par la foy et screment de

leur corps, leur main pour ce mise en la nostre, de non jamais aller faire ne venir encontre les présentes auxquelles, pour plus grande approbation, le scel royal estably et ordinaire et dont l'on use aux contratz qui sont faictz et passez sous ladicte Court a esté mis et apposé en tesmoing de vérité ; faict les ans et jour que dessus, ès présences de noble homme Me Charles de Ville Houdry, conseiller du Roy et son procureur général au duché de Touraine et maistre des requestes ordinaires de sa maison, de monseigneur noble homme Loys Delange, esleu pour le Roy nostre Sire à Tours, conseiller secrétaire et auditeur ordinaire des comptes de Monseigneur frère de Sa Majesté, et nobles hommes André Bening, archer des gardes du corps du Roy soubs la charge de Monseigneur de Clermont d'Antragues, Pierre Duboys, escuyer, seigneur de La Claye, tesmoings ad ce requis et appelez. Signé : RACAULT.

(Archives nationales, Y. 123, f. 311, v°.)

CHATEAUDUN

IMPRIMERIE J. PIGELET

1893